Segreti per influenzatori:

Diventare un Gamer professionista

Tabella dei contenuti

Una guida per diventare un influencer di gioco

Gradualmente al giorno d'oggi la realtà di fare soldi su internet, soprattutto all'interno del mondo dei videogiochi e l'impatto che hanno generato su piattaforme come YouTube e Twitch, questo significa che c'è un ampio scenario di opportunità per sfruttare al meglio solo bisogno di conoscere alcuni trucchi e informazioni importanti per esso.

Le generazioni di oggi hanno questo obiettivo di imprenditorialità nel mondo del gioco nella forma più alta, cercando di trasmettere contenuti di qualità e altri metodi per diventare un vero influencer, ora i videogiochi non sono più solo un hobby ma una passione che genera reddito.

Influenzatori di videogiochi

L'ambiente dei videogiochi è un hobby che diventa più redditizio di quanto si pensi, se la tua cosa è giocare, puoi fare di questa attività un mezzo esclusivo di reddito, il modo per rendere questo una realtà è diventare un influencer di videogiochi, essendo una combinazione di pubblicità e giocatori.

Chiunque possieda e costruisca un livello di credibilità su un videogioco può usare la sua influenza in modo positivo sugli utenti, diventando così un utile prescrittore per un marchio per raggiungere più persone, e per questa funzione l'industria dei videogiochi si è adattata come una grande soluzione.

Circa 3 anni fa, i videogiochi sono un mezzo che sta diventando sempre più forte, i videogiochi sono un ottimo strumento per generare reddito, soprattutto perché gli utenti continuano a mettere l'intrattenimento al primo posto, per questo motivo ha raggiunto il punto di essere un ampio mercato da sfruttare.

La presenza della tecnologia in ogni settore della vita, diventa una grande ragione per voi di far parte di questo settore che è ancora in piena espansione, per convincervi ad essere pate di questo mondo sono i seguenti dati:

Ogni gioco emette un punto di marketing e di attrazione per gli utenti inimmaginabile, grazie all'investimento che viene fatto per la creazione di un gioco, questa azione vale circa 50 milioni di dollari.

Un utente "vizioso" per i videogiochi è capace di spendere almeno 80 dollari al mese in abbonamenti, così come per l'acquisto di oggetti speciali o skin.

L'età del gioco si è accelerata in modo esorbitante, dato che prima dai 10 anni facevano parte del mondo del gioco, ma oggi vediamo bambini già dai 5 anni su questo mezzo, quindi i nativi digitali stanno crescendo molto.

Ci sono così tanti videogiochi là fuori oggi che se provassi a giocarli tutti, ti ci vorrebbero più di 950 anni.

In termini di dispositivi di gioco, il 76% possiede una console per giocare, mentre il 24% preferisce il PC, queste sono le piattaforme di gioco attualmente in uso.

Due persone su tre hanno giocato regolarmente a un gioco, e questo è aumentato grazie a Facebook e alla compatibilità di molti giochi con i dispositivi mobili.

Oggi, un gran numero di paesi ha classificato i videogiochi come uno sport, dove il 10% dei giocatori diventa un esempio da seguire per diventare professionisti.

Elaborare ognuno di questi dati aiuta a pianificare un percorso di crescita come giocatore, è essenziale che si tenga conto del potere che i videogiochi stanno avendo per sfruttare al massimo ogni mezzo digitale, ma in questo ambiente c'è tutta una diversità di profili di giocatori.

Il tipo di profili di giocatori che esistono

Per essere un influencer nel mondo del gioco si possono giocare molti ruoli che sono disponibili:

Gamer: questo ruolo fa parte degli appassionati di videogiochi, questo tipo di influencer si concentra direttamente sul godimento dei giochi su determinati giochi, questi sono classificati per genere, piattaforma, tra gli altri criteri, in gran parte i seguaci sono quelli che godono di guardare giocare un gioco particolare. Su questo sviluppo è necessario esporre le tecniche di apprendimento degli utenti, che è la dinamica che attiva questo tipo di influencer.

Gameplay Gamer: questo stile è di fare un "walkthroughs", dove si passa un gioco con un finale, è una modalità per pro influencer, e seguaci soddisfare la necessità di voler vedere lo sviluppo del gioco perché non hanno la possibilità di godere, anche per dimostrare il gameplay dietro un tipo di console, o anche ottenere agganciato dal tuo modo di raccontare il gioco.

Social gamer/influencer: L'obiettivo di questo profilo gamer è quello di esporre campagne con l'unione attraverso gli amici, o anche con altri utenti che si connettono online, ma il requisito principale è quello di emettere carisma, perché la comunità è alla ricerca di un account attaccato verso la commedia, questo tipo di influencer lavora con altre figure note, si tratta di creare un cerchio o alleanza per aumentare ogni account.

Questi stili di giocatore sono quelli dietro la posizione di un influencer, è un modo altamente potenziale per generare reddito, ma è fondamentale non perdere quella linea di fare altri utenti hanno un buon tempo, per che la risorsa principale è la trasmissione di commenti, e soprattutto per invitare gli utenti verso una maggiore interazione.

Come si può guadagnare un reddito dall'essere un influencer di giochi?

Capitalizzare le proprie conoscenze di gioco è una realtà, in parte a causa del potere dell'era digitale e del suo impatto su qualsiasi settore, essere un giocatore può essere la migliore conoscenza o investimento per ottenere un alto livello di attenzione dal pubblico che è interessato a questo mezzo.

Un giocatore di alto livello e la combinazione di piattaforme digitali, diventano un'interessante fonte di reddito che può cambiare la tua vita, perché attraverso le tue abilità su un titolo o gioco è che si trasformerà in un ampio punto di attrazione, che è il requisito principale che si deve considerare per iniziare.

È una grande illusione per generare reddito facendo ciò che ti piace di più; giocare, dove dovrai solo condividere le tue abilità con il mondo per posizionarti ad un grande livello, per emergere con stile, devi conoscere il modo ideale per essere un buon influencer e non fallire in questa avventura, perché è una grande opzione che il mondo digitale offre.

La prima cosa da considerare è che un grande giocatore si forma attraverso il numero di volte che continua il gioco, cioè invece di rimanere con il "Game Over", c'è più persistenza per imparare di più sul gioco e trovare la propria strada per superare le sfide, questo è il tocco che acquisisce o dà vita a un influencer.

Se riesci a realizzare il compito di cui sopra o a definirti come un giocatore, sarà il primo passo e una garanzia per poter avere successo su questo mezzo, oltre al fascino di scavare per gli aggiornamenti, i trucchi e sviluppare la propria strategia, questo è un grande vantaggio per presentarti al mondo e definirti come un influencer.

Finché puoi trasmettere risultati accattivanti su un gioco, manterrai un alto livello di attenzione su un gioco, in questo modo chiunque può ispirarsi e avere risposte alle proprie domande semplicemente guardandoti, oltre alla dinamica dell'essere un influencer, devi arrivare al punto di fare soldi giocando, devi sfruttare al massimo ogni consiglio per avere successo.

Essendo consapevoli di ciò che è coinvolto in questa attività e avendo l'impegno di essere un influencer, si può essere parte di una grande avventura che può anche fornire un grande stile di vita, quindi si dovrebbe iniziare con le seguenti raccomandazioni:

Definire il modo

Se vuoi essere un influencer sul mondo del gioco, prima di iniziare questa dedizione, devi tener conto che è un mezzo su cui c'è un alto livello di concorrenza, tutti vogliono fare soldi giocando e trasmettendo contenuti di qualità, quindi devi definire il percorso per non perdere di vista i tuoi obiettivi o le tue mete su questo mezzo.

Devi anche avere pazienza per andare passo dopo passo nella costruzione del tuo ruolo di influencer, per questo sono fissati obiettivi a breve, medio e lungo termine, in modo che nel corso dei giorni si può salire verso l'ottenimento di reddito reale, anche se non si può perdere di vista la realtà.

Partendo dal nulla, creare un intero mezzo di reddito attraverso i giochi è un viaggio che richiede sforzo e investimento di tempo, in un giorno non sarà un influencer, così molti rinunciare e pensare che non è un mezzo redditizio ma si tratta di essere coerente per inizialmente emettere un grande sviluppo sulla piattaforma e poi monetizzare.

Scegliere un gioco per giocare

In secondo luogo, un punto chiave è un gioco, questo è il tema principale per essere un influencer, ma in questa decisione devi mantenere un grande attaccamento ai tuoi gusti e alle tue capacità, perché invece di andare per un'alternativa popolare online, è un grande errore optare per un gioco che non ti piace e sul quale non ti distingui.

Quindi, per esempio, se non conoscete o non padroneggiate un gioco popolare come Counter Strike, non dovreste far parte di questo gioco, non importa quanta attrazione genera, l'importante è distinguersi personalmente, perché solo se vi piace o decidete di iniziare con grande dedizione è che sarete in grado di generare una grande somma di denaro.

Anche se la differenza tra un percorso e l'altro è che quando ti piace il gioco o hai esperienza con esso, la strada per diventare un influencer è più breve e veloce, altrimenti si dovrebbe prepararsi per un viaggio frustrante, per fare soldi giocando ai videogiochi investire ore sul gioco che ti si addice meglio.

Scommettere su nuovi giochi

Un'altra alternativa che puoi usare per decollare e diventare un influencer è quella di approfittare della fama o della popolarità di giochi che stanno appena uscendo sul mercato, provando questi giochi puoi approfittare del buzz dei social media per aumentare la tua presentazione come giocatore di grande impatto sui social media.

Sviluppando un patrimonio di competenze e trucchi su un nuovo gioco, si ha anche il potere di esporre contenuti creativi e molto più originali di altri giochi che sono attualmente troppo sfruttati, l'ideale di questa forma di imprenditorialità è che si diventa un esperto su un nuovo argomento e che provoca una sensazione.

Utilizzare piattaforme come Twitch

Nel mondo dei giocatori ci sono molte alternative per avere successo su diverse piattaforme sociali, in questo mondo l'importanza e le funzioni di Twitch non può essere trascurato, questo portale è un'opportunità per intraprendere all'interno della trasmissione via streaming, dove milioni di giocatori condividono contenuti e tutorial con il mondo.

Questo tipo di piattaforma aiuta a costruire un pubblico che funziona come base principale per un influencer per crescere in modo esponenziale, senza tralasciare che è anche una piattaforma per generare reddito, purché si raggiunga un certo numero di seguaci e si possano soddisfare le condizioni.

Una volta che puoi scalare fino a diventare un partner, puoi avere il 25% delle entrate delle vendite dalle pubblicità che possono essere impostate su un video, per non parlare del fatto che questo è un social network che è aperto alle donazioni quindi costruire una grande base di fan è doppiamente vantaggioso ed è la nicchia di cui hai bisogno.

Considera i giochi online

Nella ricerca di diventare un top gamer influencer, si può osare di prendere l'alternativa più rischiosa di iniziare nel mondo dei giocatori sotto la sfida del gioco online, fino al punto di piazzare scommesse online su giochi d'azzardo che possono emettere un sacco di emozioni per gli spettatori.

Una strada come questa diventa una grande opportunità per generare entrate, e in questo modo si otterrà più riconoscimento all'interno della comunità digitale, è una pratica da

considerare per guadagnarsi un nome e soprattutto l'ammi-
razione dei fan sul modo in cui si gioca.

Diverse piattaforme online utilizzano questo tipo di sviluppo
e permettono l'accesso alla ricezione delle donazioni, quindi
quando riesci a risvegliare un'enorme attrazione sarai in
grado di moltiplicare le cifre del reddito in modo importante,
tutto dipende da ciò che sei in grado di diffondere.

Vende conti sviluppati

Finché ti dedichi ad un gioco e i tuoi progressi all'interno del
gioco sono ad un livello alto, puoi impostare un account avanzato, quel tipo di account diventa un desiderio per molte persone che non vogliono iniziare da zero, quindi hai questa opportunità di commercializzarlo e ottenere denaro grazie alle
tue qualità.

Ma, non solo si può vendere l'account, ma anche l'attrezzatura di gioco, questo è diventato l'obiettivo di molti gruppi
di influencer che sono dedicati al gioco di squadra per avere
più strumenti di gioco, soprattutto perché i principianti vogliono iniziare con più capacità e l'attrezzatura è la soluzione.

Anche se è un'opzione che per molti rappresenta una piccola
quantità di denaro, ma si tratta di conoscere sempre più alternative di monetizzazione che sono presenti nel mondo del
gioco, che è diventato uno scenario promettente, è possibile
realizzare il vostro sogno di essere un grande giocatore e coprire alcuni obblighi nel farlo.

I migliori consigli per diventare un influencer di videogiochi

La somiglianza tra le azioni di un giocatore e un influencer, si sono fusi per attivare uno scenario di grande opportunità per generare reddito, poiché gli ultimi 10 anni per raggiungere materializzare il vostro sforzo verso cifre di denaro è una realtà, quindi è un'attività molto attraente per più utenti.

Ci sono molti esempi chiari e reali di giocatori che hanno raggiunto milioni di seguaci e generato migliaia di dollari al mese, e questa è una possibilità a cui molti hanno accesso grazie al potere delle piattaforme digitali, e anche ai fan del mondo del gioco.

Per essere un influencer sfruttando la tendenza dei giochi, devi solo ispirarti ad ogni suggerimento che esce, dove puoi usare i seguaci delle reti sociali come Facebook per presentare il tuo progetto in grande stile, finché puoi ottenere un mezzo attraverso il quale puoi ottenere più visitatori, sarà vantaggioso per te.

A questo compito si è aggiunta l'alternativa fornita dalle marche, poiché sono quelle che sono realmente responsabili di dare vita alla figura degli influencer all'interno di questo mezzo di gioco, e le marche di videogiochi hanno anche approfittato di questo, c'è un alto livello di reclutamento o assunzione che dimostra la diversità dei modi di monetizzare.

Al giorno d'oggi la piattaforma perfetta per presentare la tua carriera come giocatore è Twitch, soprattutto a causa della libertà che hai per fare trasmissioni dal vivo, per riempire ogni fan del gioco con eccitazione, essendo un'altra nicchia di valore per unirsi e lavorare con molti marchi globali legati a questo campo.

Ma per entrare in contatto con una grande somma di reddito con il lavoro di un giocatore, si dovrebbe puntare a raggiungere la quantità di 10.000 seguaci, oltre a prendersi cura del proprio livello di giocabilità, senza trascurare il trattamento verso il pubblico, questo è ciò che costruisce un impatto positivo di "impegno", per utilizzare o giocare i seguenti concetti:

Abbonamenti

La principale formula di monetizzazione all'interno del mondo digitale è attraverso l'attrazione del pubblico, questo fa sì che il sostegno dei seguaci ti porti ad una migliore posizione come influencer, a soddisfare una performance di qualità che si traduce nel ricevere accordi con molte marche di videogiochi e la realizzazione di molte dinamiche.

Per curare la tua presentazione agli utenti devi offrire contenuti speciali, trasmettere flussi esclusivi e dare priorità al tuo pubblico, oltre all'importanza di creare contenuti scaricabili, in modo che possano essere condivisi con utenti più vicini alla tua immagine.

Mantenere le relazioni con YouTube, Twitch, Patreon e Mixer.

Il sistema di queste reti sociali rappresenta una nicchia di grande valore per i vostri obiettivi, soprattutto perché hanno la possibilità di fare abbonamenti e imporre tasse mensili, queste vanno da 1 a 5 USD, ci sono chiari esempi di streamer che sono riusciti a guadagnare fino a 500.000 USD attraverso gli abbonamenti.

Donazioni

Gli abbonamenti non sono da confondere con le donazioni, in quanto questi contributi possono essere ricevuti tramite piattaforme come Twitch e YouTube, questi sono automaticamente indirizzati a PayPal o a una carta di credito, questi sono ricevuti secondo la dinamica del tuo contenuto e devi rispondere con un trattamento privilegiato.

Monetizzazione con Twitch

Su Twitch c'è una chiara possibilità di raggiungere la monetizzazione molto velocemente, bisogna contare almeno 100 abbonati e mantenere costantemente 5 visitatori su ogni stream, mentre come partner bisogna avere almeno 70 visitatori per stream e raggiungere 2000 followers, in questo modo si contano gli abbonamenti.

Ognuno di questi concetti può essere realizzato con molta perseveranza, il percorso come influencer è pura creatività, ma soprattutto del sentirsi legati al gioco a cui ci si dedica, soprattutto perché il tema del gioco ha più senso in tutti i tipi di piattaforme e si può guadagnare presenza su di esse.

Giochi per guadagnare soldi come influencer

Una volta che hai imparato alcuni argomenti o azioni che portano al successo come influencer, la prossima cosa da prendere in considerazione sono i giochi che sono di tendenza, in modo che tu sia consapevole del livello di opportunità che hai quando cerchi di essere un influencer con le tue conoscenze, gli utenti seguono da vicino i seguenti giochi:

Lega delle leggende

Si tratta di un gioco di ruolo online molto popolare, e un gran numero di influenzatori si sono formati dopo le sue battaglie, ma in termini di guadagno, questo tipo di gioco genera un vuoto per questo tenendo tornei settimanali che sono organizzati da una vasta gamma di aziende che pagano e premiano i partecipanti.

Se ti dedichi a questo gioco puoi far parte di queste squadre e arrivare a guadagnare soldi, e anche guadagnare il seguito di una grande quantità di utenti, in questo modo quando si vincono più giochi, si può essere un influencer totale con alleanze in varie squadre all'interno di questo mondo.

GoldenTowns

In mezzo ai giochi tradizionali per essere una tendenza, GoldenTowns si distingue, essendo un modo ideale per uscire dalla routine, dove la dinamica è stabilita sulla costruzione di una società, con questo concetto si può diventare un influencer di primo livello senza tante complicazioni.

Questa piattaforma permette anche di generare reddito, soprattutto quando si raggiunge una buona quantità di denaro digitale che si può cambiare in denaro reale, anche se la lingua è stata un ostacolo su questo gioco, è interamente in inglese, se avete mai giocato non si può trascurare questa alternativa per generare reddito.

Esodo3000

Si basa su un gioco multiplayer basato su strategie di costruzione, la sua offerta è stata una delle più popolari online, come la sua dinamica è basata sulla vita degli esseri umani su Marte, prima che lo scenario inizia a distribuire un grande intrattenimento per lunghe ore fino a diventare una vera tendenza nei videogiochi.

In mezzo a queste ore di giochi si possono guadagnare dollari marziani, come si raccoglie una certa quantità in modo che il cambiamento può essere fatto in dollari reali, così con queste ricompense si sono riempiti di motivazione per avere un grande tempo di avventura, dopo ogni esplorazione si ha la possibilità di generare reddito.

SecondLife

I giochi, non importa quanto siano vecchi in termini di sviluppo, sono ancora un'opzione per diventare un influencer, quindi se ami questo gioco non puoi più aspettare, anche se devi essere disposto a investire, perché per guadagnare reddito è attraverso LinderDollars e certi trasferimenti devono essere fatti.

Runescape

All'interno dei giochi di ruolo, questa è un'opzione diversa per eseguire una vasta gamma di attività, dal combattimento al completamento delle missioni, in quanto è una vasta offerta di caratteristiche sorprendenti per cercare di raccogliere una quantità significativa di oro in modo da poter guadagnare dollari reali.

Padroneggiando ognuno di questi giochi, è possibile progettare un'intera strategia per distinguersi nel mondo dei giocatori, questo ambiente non sembra cambiare, ma per avanzare, quindi è importante che si può approfittare di questo settore per trovare un'altra fonte di reddito che cambierà la vostra vita, facendo ciò che ami di più.

Anche se, come è stato ribadito, il primo passo o valore è avere pazienza, con la fretta non si diventa un influencer, e con ogni caduta o azione che non dà risultati ci sono sempre possibilità di continuare con il progetto, finché si va con attenzione si può trasformare un evento frustrante in un'opportunità per essere un professionista.

Il potere di Fortnite sul mercato dei giocatori

In mezzo ai giochi più richiesti per generare reddito, non c'è dubbio che Fortnite si distingue per il livello di tendenza che ha causato in tutto il mondo, la sua comunità è in pieno decollo, quindi è un punto di grande rilevanza per avere un approccio con questo videogioco.

Se Fortnite non fa per voi, potete almeno iniziare in questo mondo di gioco condividendo alcune notizie, e senza trascurare il fatto che più si conosce il mercato dei giocatori, migliori decisioni si potranno prendere, si può prendere come riferimento il suo torneo mondiale, che è diventato uno degli eventi più acclamati.

Un gioco di questo livello provoca da solo una notevole quantità di denaro da generare, studiando questo tipo di tendenza si può prendere sul serio, poiché si tratta di un fenomeno di gioco che ha così tanta attenzione, al punto di essere paragonato agli sport comuni, che è una grande motivazione per conoscere questa alternativa.

La conferma che essere un giocatore genera un buon reddito arriva da un gioco come Fortnite, se sei curioso, dovresti iniziare sapendo che il suo torneo genera 3 milioni di dollari, una cifra che si distingue da altri settori, è sorprendente l'impatto dei videogiochi e le opzioni di monetizzazione.

Il modo per moltiplicare i profitti con questo gioco è attraverso la creazione di contenuti, e la cosa migliore è che non è necessario essere un giocatore imbattibile, ma piuttosto puntare a un livello più alto di fornitura di intrattenimento, in modo da poter far connettere il pubblico con voi.

La popolarizzazione di un modo di giocare a Fortnite è anche un punto culminante, al punto che si inizia a generare denaro dopo aver sconfitto ogni nemico, soprattutto se ci si diletta in una sfida, questo tipo di contenuto è monetizzato sia su YouTube che su Twitch, mentre è un gioco che ha promotori in-game,

Vincendo si può ottenere una grande scintilla o energia competitiva che ti mette in uno dei migliori posti tra gli utenti, dove si deve fare tutto il possibile per massimizzare l'adrenalina di sopravvivenza, che è la meccanica che si deve dimostrare sui video che si fanno, oltre a partecipare a vittorie che pagano da $ 5.

Come essere un influencer con Fortnite

Grazie alla popolarità propria di Fortnite non è necessario avere milioni di seguaci, ma con abilità eccezionali si può ricevere interesse da un marchio e ottenere monetizzazione, soprattutto con la modalità pro player di Fortnite, la cosa essenziale è che ci si tenga aggiornati con le aziende locali in modo da poter usufruire delle promozioni.

Come si può essere coinvolti con tutto ciò che riguarda il gioco, si può essere coinvolti con negozi di abbigliamento, distributori di materiale informatico, merchandising per giocatori e così via, finché si può mostrare quanto si è conosciuti all'interno di un gioco si può essere considerati come una figura per entrare nel gioco.

A lungo termine, la seguente misura può essere sviluppata come metodo per generare reddito:

Commercializzare le tue pelli

In Fortnite ci sono pelli necessarie per un personaggio per decollare, quindi guadagnando una buona quantità di questi oggetti è possibile venderli senza problemi, questo risparmia agli utenti un sacco di ore per salire ad un livello superiore, anche se ci sono oggetti temporanei che vengono venduti come accessorio scarso.

Ci sono state prove di vendite reali dove su Ebay le pelli si muovono fino a un valore di 2000 dollari, quindi questo gioco ha molte alternative per generare denaro, con la tua abilità puoi andare molto lontano, hai solo bisogno di quell'ambizione di voler avere un account di primo livello, e poi usarlo come mezzo per generare reddito.

La figura di uno youtuber di videogiochi di successo

La figura di uno yotutuber è diventata un modo ideale per generare reddito, sempre più attività possono essere sviluppate su questo social network, e anche i videogiochi fanno parte di questa piattaforma, è un buon posto per dedicarsi e mostrare le proprie capacità, cercando di trasmettere contenuti di grande piacere.

All'interno di YouTube è essenziale cercare e rafforzare una connessione diretta con il pubblico, sia che si tratti di un social network per l'intrattenimento visivo o per risolvere qualche difficoltà su un gioco, queste sono le azioni che devi rispettare per produrre gli effetti previsti sulla conformazione del tuo pubblico.

Fare in modo che un canale si distingua dal resto è diventata una grande missione, soprattutto per monetizzare come hanno fatto canali popolari come Vegetta777, RevenantLOL, tra gli altri, questi esempi possono ispirarvi a visualizzare quanto lontano potete andare con il giusto approccio.

La mentalità di un influencer giocatore

La competitività nel mondo del gioco sta aumentando, ma allo stesso tempo ci sono grandi opportunità come premi e tornei per salire come un grande giocatore e optare per misure di monetizzazione, ma per raggiungere entrambe le missioni è necessario dedicare circa 14 ore al giorno per avanzare nel gioco.

La cosa più preziosa è che hai milioni di spettatori che puoi soddisfare con buoni contenuti, quindi con le tue mosse o azioni puoi conquistare completamente il loro interesse, in diversi paesi essere un giocatore è arrivato ad essere considerato come un e-sport, e il successo si misura dopo le partite e il livello dell'account.

In giochi popolari come LoL, DotA 2, Counter Strike o FIFA, si svolgono un numero enorme di sfide che attraggono tutto il mondo, poiché un alto livello di tensione è evidente dopo ogni partita, quindi queste dinamiche sono state completamente regolate per essere un must per molti spettatori.

L'essenza del mondo online è un'arena infinita di possibilità per affermarsi come influencer, dato che ogni competizione minima può generare fino a 10 milioni di dollari di solo premio in denaro, queste celebrazioni in tempo reale stanno suscitando un sacco di emozioni, soprattutto quando si padroneggia la forza e la debolezza dei personaggi.

È un requisito per un giocatore essere organizzato per essere un influencer, perché quando si passano molte ore su un gioco, si può perdere l'approccio pubblicitario per presentarsi al mondo, è necessario imporre due tattiche, una per il gioco, e altre per i social media, l'inizio di questa avventura può essere facilmente segnato impostando degli orari.

Affinché un hobby diventi uno stile di vita, la cosa principale è l'impegno, perché i grandi giocatori confermano che non immaginano di aver raggiunto un alto livello di popolarità, questo comincia a formarsi raccogliendo un gran numero di spettatori, fino ad emettere un'immagine distinta.

Un sacco di giocatori hanno giocato per circa 4 anni o più per costruire un account avanzato, quindi impostare i tuoi obiettivi è vitale in modo che non sia solo un gioco senza cervello, ma che tu possa condividere le tue abilità con il mondo e nel processo produrre denaro.

All'inizio c'era una comunità di giocatori che era molto più facile da superare, cioè si giocava più come un hobby, ma ora si traduce in una lotta di livelli in cui ci sono utenti di alto livello di tutti i tipi, anche se non c'è nulla che non si possa raggiungere, per essere un professionista è necessario avere attrezzature che si possono raccogliere progressivamente:

Ha una sedia ergonomica per giocare con maggiore tranquillità, il supporto sulla schiena è utile per trascorrere ore a giocare senza complicazioni.

Privilegiate l'acquisto di una tastiera meccanica, per ogni giocatore i controlli sono un passo fondamentale, a patto che possiate dotarvi delle ultime tecnologie per rispondere ad ogni gioco con prestazioni di prim'ordine.

Utilizzate accessori ad alta velocità, acquistate oggetti come un mouse in modo da poter impostare ogni pulsante e attivare ogni funzione del gioco in una manciata di secondi.

Utilizzate uno schermo che generi comfort, si raccomanda che sia di 21-23 pollici, quando si diventa popolari si può investire in questa risorsa in modo che si possa prendere cura della vostra vista e che abbia una velocità di 144 hz.

Migliora l'esperienza con le cuffie che ti permettono di reagire a ogni evento del gioco.

Scheda grafica con almeno 2GB di RAM dedicata a questo tipo di utilizzo.

Disco rigido a stato solido che non ti crea problemi nell'esecuzione del gioco.

Memoria RAM di almeno 8 GB.

Processore i7 multi-core.

Connessione internet stabile che non interrompa i giorni di gioco.

Riunire una squadra di amici per giocare ai videogiochi è una soluzione per diventare un influencer di primo piano, perché ci si può riunire per discutere le tattiche e funziona come un allenamento personale.

Impegnarsi nei videogiochi come forma di business

Il potenziale che esiste all'interno dell'industria dei videogiochi può essere sfruttato da tutti i tipi di giocatori, basta fare passi decisi prima del mondo, per questo è necessario formare una carriera come influencer, soprattutto per sfruttare l'alto livello di spettatori che fornisce questo settore.

I videogiochi sono considerati come uno scenario che genera fino a 500 milioni di dollari all'anno, quindi è una grande opportunità che fornisce condizioni ottimali per sviluppare, il target di questo mezzo è rappresentato da persone tra i 15 e i 30 anni, e il consumo di questo tipo di contenuti è alto.

Il livello di investimento e di partecipazione dei millennials è l'ingrediente principale per convincersi di essere un giocatore popolare su questo mezzo, finché si diventa un giocatore professionista e si scala, si può avere accesso a molte opportunità per generare reddito.

Le cifre degli stipendi in Europa sono tra i 1500 e i 5000 euro al mese, senza contare il tipo di reddito che un giocatore guadagna dalla pubblicità che può essere associata alla trasmissione di ogni partita su internet, la tendenza dello streaming apre la porta per sviluppare molte tecniche e gestire azioni con diverse marche.

Un giocatore ha bisogno di un marchio dietro le sue azioni, ma per arrivare a quel livello la tua base di fan conta, in questo mezzo è fino al 40% dei dilettanti, e un alto numero di spettatori, essendo una chiave considerevole all'interno del business che si stabilisce sulle piattaforme di streaming dedicate ai videogiochi.

In questo senso, ogni funzione di Twitch è di grande valore, dove si trova l'alta possibilità di ottenere entrate pubblicitarie, tutto grazie alla dedizione di monetizzare l'immagine del giocatore per ogni rete sociale, in mezzo alla connessione degli spettatori si ha la libertà di trasmettere il meglio delle proprie capacità.

Anche se per guadagnarsi da vivere in questo business, è necessario mettere molto lavoro, in modo da raggiungere un alto punto di dedizione, è necessario imporre il proprio livello di domanda su se stessi in modo da poter crescere nel vostro gioco, infatti, al giorno d'oggi ci sono diversi allenatori per ogni gioco al fine di aumentare il vostro istinto.

I requisiti per essere uno youtuber di videogiochi

Per diventare un top youtuber è necessario soddisfare i seguenti requisiti al fine di far parte del mondo dei videogiochi che sta pagando dividendi crescenti:

La cosa più fondamentale è che ami giocare, perché se lo fai solo per generare denaro ti sembrerà un processo lento, ma quando ottieni denaro per ciò che ami, diventa un'attività facile e piacevole.

In secondo luogo, c'è l'obbligo di creare un canale YouTube che sia accattivante e compatibile con il tipo di gioco che fai, è importante dedicare tempo e investimenti per creare una grande presentazione al pubblico al fine di diventare un influencer in un breve periodo di tempo.

Anche l'attrezzatura di registrazione non può essere trascurata, poiché è essenziale per trasmettere una grande immagine sul gioco, ma anche su di te, quindi la qualità della telecamera che possiedi così come il software di registrazione diventano i tuoi principali alleati quotidiani per costruire contenuti eccezionali.

Dopo gli strumenti, è necessario coprire la questione della comunicazione con il pubblico, quindi curare l'aspetto del microfono, e i dialoghi che si presentano, diventano un grande elemento o motivazione per ricevere un maggior numero di visualizzazioni e che siano a conoscenza delle vostre pubblicazioni.

Ultimo ma non meno importante è la dimostrazione delle tue abilità sul videogioco dato, come risultato dei giochi puoi creare molto interesse nel tuo canale e costruire la tua carriera come influencer.

Questi requisiti sono basilari e non complessi quando ci si connette davvero al mondo del gioco, all'inizio si può contare su risorse di base per garantire la frequenza di pubblicazione, e man mano che si progredisce, si può investire in più attrezzature affinché la qualità sia garantita.

Non puoi rinunciare ai tuoi piani come influencer a causa di problemi di budget, figuriamoci se pensi che sia una dedizione complicata, d'altra parte, c'è la questione della scelta del gioco come detto sopra, ma se ti piacciono i giochi a pagamento, puoi iniziare con una versione gratuita per guadagnare un pubblico.

In ogni zona del mondo c'è una tendenza diversa per ogni gioco, queste considerazioni sommano un punto di partenza per essere un influencer di successo, soprattutto per pensare di partecipare a tornei o fare alleanze con altri youtuber popolari che si possono sfidare e nel mezzo del gioco ci si può presentare in grande stile.

Scopri come creare un canale di gioco di successo su YouTube

Una volta che decidi di sfruttare le caratteristiche di YouTube per guadagnare abbonati con le tue abilità di giocatore, non puoi ignorare la creazione del canale, poiché, a partire dalla scelta del nome sia del canale che di te stesso, dato che attraverso quel nome sarai ricordato, il miglior consiglio è quello di cercare di renderlo facile da scrivere e anche da ricordare.

Anche se se c'è un altro youtuber con lo stesso nome dovresti rinunciare a quell'idea, la cosa più importante è che sia un progetto totalmente creativo e originale, in questo modo partirai con il piede giusto, devi solo seguire queste considerazioni:

Progetta un logo e un intero tema, devi prendere in considerazione il modo in cui vuoi essere ricordato, quindi dopo questi dettagli puoi identificarti agli utenti nel modo che vuoi, puoi optare per l'aiuto di un designer o utilizzare strumenti gratuiti per personalizzare la tua essenza su YouTube.

Completa ogni informazione su YouTube, le informazioni che condividi con il pubblico sono un legame che devi mantenere, ciò che sei o intendi diventare può essere catturato su queste impostazioni o requisiti, dove puoi pubblicare il gioco e guadagnare l'appeal del pubblico mentre carichi i video.

Presentare **canali in evidenza**, mostrare i canali dei tuoi amici o le alleanze che fai con altri youtuber, usare questo come un modo di collaborazione, può anche essere un impulso a presentare un secondo canale che possiedi, è un trampolino di lancio che non puoi perdere.

Privilegiate l'attenzione per i link, nell'intestazione del canale avete la funzione di trasmettere link, in questo modo potete trasmettere traffico o indirizzare il pubblico verso le vostre altre reti sociali, l'argomento del primo link è una scelta importante perché avete la libertà di condividere un piccolo testo come descrizione.

Cura i titoli dei video, dopo i titoli devi continuare a catturare l'attenzione degli utenti, soprattutto cercando di essere compatibile con la ricerca che eseguono all'interno di YouTube, un'altra misura essenziale è progettare una frase breve ma descrittiva come chiave per attirare il traffico verso il tuo video.

Creare una grande descrizione dei video, espandendo le informazioni dietro un video è parte della descrizione, è un'anticipazione di avere contatto con ciò che il video offre, dopo questi dati possono facilitare che possono trovare più rapidamente e facilmente.

Pubblica video relativi al tuo argomento, la presenza su YouTube può essere mantenuta essendo costante, quindi puoi condividere contenuti che hanno a che fare con il gioco che giochi, in questo modo otterrai più visualizzazioni sul canale e quindi sui tuoi video.

Genera presenza sui tuoi social network, dedicando attenzione ai tuoi social media puoi confermare la tua immagine di influencer, ognuno è una vera opportunità per creare interesse.

Costruisci legami o collaborazioni, devi avere utenti che ti portano valore, in questo modo il tuo canale scalerà ad una maggiore rilevanza, è un aiuto reciproco per costruire una crescita potenziale con l'aiuto di altri youtuber.

Cerca la sponsorizzazione, YouTube è una grande opportunità per stabilire vari metodi di sponsorizzazione, dietro il tuo contenuto puoi implementare tutta una serie di tecniche di marketing, essendo una grande nicchia da monetizzare in stile con affiliati Amazon o aziende di videogiochi.

Ognuno di questi compiti ha uno scopo preciso perché il tuo canale possa scalare, finché potrai dedicare attenzione ad ogni punto comincerai a notare i risultati più rapidamente, nei piccoli dettagli all'interno di YouTube è il modo per diventare un grande influencer ed esporre la tua abilità come giocatore.

Creazione di contenuti consigliati per diventare un influencer

La qualità dietro ogni contenuto è un requisito fondamentale, questo è il punto di partenza per essere davvero un influencer sia su YouTube che su Twitch, le raccomandazioni che puoi mettere in atto in qualsiasi social network in modo da non perdere l'opportunità di monetizzare con le tue capacità. Non si può trascurare il fatto che il mondo digitale è complicato all'inizio, soprattutto quando si cerca di guadagnare popolarità e c'è un alto livello di concorrenza, purché si abbia esperienza di un gioco, la conoscenza delle reti sociali si acquisisce progressivamente, non c'è fretta e non è così irraggiungibile come si pensa.

La cosa principale da superare è lasciare da parte le limitazioni che possono sorgere durante l'editing del video, e anche la scelta della miniatura, essendo un simbolo che serve come prima impressione per ogni utente, ma questi sono dettagli che possono essere risolti molto facilmente, si tratta solo di prendersene cura.

Acquisire conoscenze su come crescere come influencer nel mondo del gioco è semplice, le basi sono che si può imparare ad affrontare un sacco di situazioni e superarle e migliorare fino ad arrivare al livello in cui ci si aspetta di essere in grado di generare reddito dall'occupazione dei propri contenuti su YouTube.

Per creare e catturare contenuti di grande qualità sui videogiochi su questi social network, è necessario implementare queste azioni per crescere più efficacemente:

Organizza i tuoi contenuti, puoi creare un calendario che ti permetta di essere coerente sui tuoi social media, permettendoti di continuare a sviluppare più abilità nel tuo gioco, e non trascurare i tuoi social media come connessione con il pubblico che ti nominerà come influencer.

Rinnovare ed eseguire azioni appariscenti, all'interno delle reti sociali non c'è simbolo migliore della pubblicazione di notizie, finché si può presentare il lato migliore dietro un gioco si può facilmente rispettare questa misura, in più il risultato finale è quello di ottenere un sacco di pubblico attaccato al tuo contenuto.

Rafforza il tema del tuo canale, è importante mantenere lo stesso stile che ti identifica come giocatore, quindi la cosa fondamentale è non trascurare il tema che è presente sul tuo canale, non puoi passare ad un altro stile perché provoca solo una grande diminuzione sulle visualizzazioni degli utenti.

Crea un contenuto energico e contagioso, non c'è miglior regalo per i tuoi spettatori che trasmettere e provocare un sacco di emozioni, quindi quando si trasmette un gioco è necessario connettersi al massimo, in modo che dopo quello sviluppo si può lasciare una grande sensazione di rivisitare i tuoi video.

Metti l'interazione al primo posto, il pubblico valorizza soprattutto la connessione dello youtuber con i suoi commenti, quindi dovresti anche dedicare tempo per rispondere, oltre alla creatività che puoi avere per creare sfide, sondaggi o qualsiasi altra attività che risvegli la partecipazione degli utenti.

Progressi dopo ogni pubblicazione, nel corso del tempo è fondamentale che tu possa migliorare, per questo motivo il miglioramento è d'obbligo per te mettere al primo posto l'editing e le miniature, oltre al suono e alle immagini, poiché tutti gli utenti apprezzano l'aumento della qualità.

Non perdere la coerenza, su base settimanale o mensile, è necessario emettere un'organizzazione per non perdere il posto all'interno delle reti sociali, questo fa sì che i seguaci non possano dimenticare i tuoi contenuti, è essenziale coltivare quel legame con il pubblico in modo che la tua identità di influencer non si perda.

Studia il tuo contenuto, devi fare lo sforzo di analizzare il tuo contenuto in profondità, soprattutto attieniti a quello con il maggior numero di visite per seguire da vicino il modello che hai seguito, facendo un'autocritica puoi fare conclusioni importanti per continuare su quella strada nella creazione di video.

Una volta che si può seguire e impegnarsi a ciascuno di questi suggerimenti si sarà in grado di pubblicare il miglior contenuto possibile, come si può vedere è un sacco di lavoro e dedizione, è facile, ma è necessario essere attenti a ogni aspetto per avere successo e guadagnarsi da vivere come un influencer di gioco.

I consigli che devi conoscere per essere un influencer di videogiochi

Da informazioni di qualità, e consigli utili sul mondo del gioco, puoi affermarti come influencer in grande stile, e queste misure sono la chiave di cui hai bisogno:

La **qualità sopra ogni cosa**, la visibilità e l'espansione su ogni social network è l'obiettivo di ogni influencer, per questo la risposta migliore è pubblicare contenuti frequentemente, ma essendo costante non si può lasciare da parte la qualità, perché è una variabile che non si può negoziare.

Non trascurare le tue piattaforme, ogni canale digitale è una finestra per presentarti al mondo come un giocatore di qualità, quindi quando abbandoni la pubblicazione non fai altro che dare una cattiva immagine sia ai marchi che ai follower, la risposta principale è presentarti come un giocatore impegnato con le novità.

Scegliere la nicchia perfetta, curare gli idiomi è una difesa affinché la popolarità che hai raggiunto non crolli, la soluzione migliore è investigare ognuna delle alternative affinché tu possa farti sentire in una rete sociale che domini e soprattutto che sia compatibile con il tuo gioco.

Fornisce una prestazione stabile, nelle trasmissioni dal vivo non c'è elemento più grande da proteggere che l'audio e il video, sono i mezzi di comunicazione fondamentali per avere una stretta connessione con il tuo pubblico, finché puoi standardizzare queste funzioni sarai in grado di costruire contenuti di qualità reale.

Acquisire **più conoscenze**, man mano che si avanza nel mondo del gioco, è sempre fondamentale acquisire più competenze, sia nella parte tecnica di pubblicare contenuti o generare traffico, così come nella pratica di un gioco per evidenziare tutte le vostre abilità ed essere un giocatore molto più attraente.

È un privilegio esaurire ogni passo, fino a potersi presentare al mondo come influencer, questo è una chiara costruzione della propria immagine, più pubblico si può raccogliere, più si godrà di una grande arma per essere conosciuti sulla tendenza del gioco.

Sapere come promuovere i tuoi contenuti di gioco

Ogni tipo di inizio merita attenzione, ma con il tempo le azioni diventeranno sempre più familiari, è un percorso che non è compatibile con la disperazione, puoi sviluppare questi consigli poco a poco, in modo da poter contare su sempre più visite, finché offrirai divertimento e qualità, crescerai davvero. Anche se, quando hai completato la creazione del tuo account, l'organizzazione del contenuto, la prossima cosa da coprire è la promozione di questo contenuto per ottenere un maggior tasso di pubblico, per questo puoi implementare queste azioni:

Condividi i tuoi contenuti su ogni social network, puoi sfruttare al massimo Facebook, Twitter, e qualsiasi altro, per diffondere l'istituzione del tuo canale, dove è utile anche condividere su WhatsApp alcuni contenuti trasmessi in modo che i tuoi conoscenti ti sostengano con le visualizzazioni e guadagnino rilevanza.

Genera collaborazioni con più canali, quando giochi dovresti cercare di coordinarti con altri youtuber in modo che più utenti possano conoscerti completamente, se l'altro account ha dei follower puoi approfittare di questo in modo che anche loro inizino a seguirti e quindi far crescere il tuo account in modo importante.

Chiedi raccomandazioni, una volta che sei in grado di progettare contenuti di qualità, c'è un'ampia opportunità per altri youtuber di raccomandare il tuo canale, questo tipo di aiuto può essere pagato o attraverso legami di amicizia in modo da iniziare ad avere referral che ti metteranno in un posto migliore.

Optate per gli annunci a pagamento, sui social network come YouTube avete la possibilità di impostare degli annunci, dove ogni persona che ci clicca sopra avrà un costo per voi, ma quando si iscrivono al vostro canale e lo seguono, potete generare le entrate che state cercando.

Progetta i titoli e le descrizioni in base alle ricerche, il metodo principale per guadagnare traffico è attraverso le ricerche che si fanno su YouTube, per questo i titoli e le descrizioni devono essere orientati verso questa dinamica, con i milioni di ricerche hai tutta una guida tra cui scegliere.

Queste alternative per promuovere i tuoi contenuti da giocatore sono un buon precedente, puoi indagare a fondo su ognuna di esse in modo da poter implementare quella che genera più risultati, dietro l'abbondanza di questi percorsi o opzioni c'è una chiara opportunità di guadagno essendo un influencer sul mondo del gioco.

La formula per attirare i marchi e guadagnare come giocatore

La considerazione dei marchi nel mondo del gioco sta diventando più evidente con il passare del tempo, ma non è un modo facile per generare entrate, poiché i marchi non stanno cercando di regalare prodotti, ma piuttosto investire in un tipo di pubblicità molto più naturale e avere il tuo pubblico come ponte.

Un modo in cui si può crescere come influencer nell'ambiente del gioco è quello di rilasciare recensioni di prodotti, fare costantemente post e creare streaming altamente interattivi dove si possono catturare le menzioni che soddisfano entrambe le parti.

D'altra parte, c'è la celebrazione di lotterie sui prodotti della marca associata, l'ideale di un influencer è quello di essere incaricato a tutti i costi di diffondere commenti e contenuti dell'azienda di videogiochi, poiché ciò che entrambi hanno in comune è cercare il meglio per il pubblico dei videogiochi, essendo una comunità importante nel mondo.

Il lato attraente dei videogiochi e del marketing è dovuto alla tecnologia, e per altri tipi di marche è anche una grande ossessione, come è stato il caso della Coca Cola per esempio, all'interno di questa dinamica si può ottenere la monetizzazione attraverso due modi:

Soldi

I marchi di solito forniscono un chiaro pagamento mensile per fissare un piano, in cambio della diffusione di un messaggio pubblicitario che li favorisce, questo è un grande risultato che si può ottenere come si è sognato.

Prodotti

Come parte del compenso per raccomandare il loro prodotto, alcune marche possono tenerti con una grande percentuale di prodotti di prova, in modo che tu possa dare la tua opinione su di esso, il che significa che puoi godere di una tecnologia di alto livello o vendere questi articoli.

Una volta che hai costruito una stretta relazione con un marchio, hai solo bisogno di continuare a far crescere il marchio in modo che siano a loro agio con il contenuto che stai trasmettendo, in questo modo sarai interessante per altri marchi, e più puoi ottenere più prenotazioni, più alto sarà il tuo reddito.

Diventa un giocatore influente su Twitch

Al giorno d'oggi, un gran numero di youtuber sono anche parte di Twitch, poiché entrambi sono potenti reti sociali che funzionano come un modo per trasmettere azioni pubblicitarie, su queste piattaforme ci sono grandi marchi che cercano di trasmettere una sponsorizzazione, quindi sono scenari ideali per guadagnare soldi.

Crescere su Twitch, come su YouTube, richiede dedizione, ma la differenza è che si ha la costante opportunità di mettersi in mostra attraverso un live stream, motivo per cui questa piattaforma è diventata una delle migliori per questo scopo, dove la maggior parte della comunità è legata all'intrattenimento.

L'espansione di Twitch ha fatto sì che sia un ambiente ideale per un influencer, soprattutto per eseguire promozioni e azioni di ogni tipo, quindi hai bisogno di dati reali che possano portarti al top, perché come influencer devi dimostrare il tuo impegno e la tua passione per il gioco.

Per ottenere l'attenzione degli utenti che utilizzano questo mezzo, è necessario fare una trasmissione fluida e costante, per questo motivo puoi trasmettere i tuoi contenuti più volte alla settimana, così come cercare un contenuto di 2 o 3 ore, per questo puoi progettare orari che si adattano a te, ma anche ai tuoi spettatori.

Al di là del calendario, è essenziale prestare attenzione alle informazioni del profilo, questa è una presentazione come influencer che non si può perdere, a questo si aggiunge il fatto di chiedersi cosa vuole il tuo pubblico, questa è una domanda complicata all'inizio, ma quello che si può fare è concentrarsi su ciò che ti piace e ciò che sei bravo a fare.

Invece di essere frenato dalle aspettative del pubblico, ciò che puoi controllare è ciò che trasmetti di te stesso, questo è il punto di attrarre gli altri al tuo contenuto, ma nel mezzo di un canale è fondamentale che tu non cada nelle abitudini, in modo da tenere d'occhio la reazione del pubblico al tuo contenuto.

Il più grande vantaggio che puoi fornire è una grande varietà di conoscenze e notizie, in modo che il pubblico possa essere definito da quello che fai, anche se si tratta di un gioco con poca popolarità, sta tutto a te riempire le trasmissioni con la vita, dove puoi dare il massimo del carisma e far agganciare tutti.

Il tipo di personalità di un influencer su Twitch

Come influencer lo devi al pubblico e soprattutto al tipo di personalità che emetti, quindi è anche essenziale determinare il tipo di carattere che hai intenzione di presentare ai tuoi seguaci in modo da cercare di ottenere il seguito:

Distinguiti dalla folla, per compiere questa missione puoi mantenere un approccio innovativo, finché puoi differenziarti dagli altri sarà vantaggioso per te, ci sono molte tecniche da implementare in modo che tu possa farti notare facilmente.

Mantenere l'interesse del pubblico, la pianificazione principale è quella di costruire un canale che può essere caratterizzato come divertente, ma prima di essere caratterizzato come un influencer, è necessario mostrare una personalità accessibile in modo che sia molto più relazionabile con gli altri utenti.

La mancanza di esperienza o un livello più avanzato di conoscenza di un gioco possono essere sostituiti da commenti su alcuni giochi, infatti, si può diventare critici su alcuni giochi, l'essenziale è che si abbia qualcosa da offrire che mostri la propria autenticità.

Come puoi realizzare questi piccoli passi, puoi diventare attraente per gli utenti, non hai bisogno di essere un esperto di editing video o di informatica, finché puoi concentrarti sulla tua presentazione al pubblico, la tua popolarità aumenterà a grande velocità.

Ma in questo campo, proprio come in YouTube, è importante la questione del design, fino a quando si può mostrare quel tocco unico si avrà un'alta probabilità di essere un influencer, e soprattutto di unire i legami con più sponsor, questa attività è molto divertente fino a quando non si perde il divertimento che ogni gioco porta.

Oltre al design è necessario prendersi cura dell'aspetto dell'interazione, quindi dalla comunicazione di un messaggio tutto comincia a valere doppio, finché non si esauriscono gli argomenti di conversazione o con uno stile chiaro nella trasmissione, non si avranno problemi all'interno di questo sviluppo.

L'impressione che fai agli utenti è un dettaglio che non puoi permetterti di perdere, quindi un consiglio per evitare dimenticanze o nervi è quello di creare dialoghi per farti sentire molto più a tuo agio con la trasmissione, come puoi catturare il pubblico, diventerai una vera celebrità online.

Come monetizzare su Twitch

I vantaggi di utilizzare Twitch come nicchia per il tuo obiettivo di influencer si trovano dalla diversità di opzioni per pro-

muovere e generare reddito, questo è dovuto alle innumere-
voli marche che sono alla ricerca di gamer o fornire opzioni
di affiliazione per vendere di più online.

Molte campagne pubblicitarie raggiungono un livello superiore promuovendosi su Twitch, quindi essere un influencer
diventa molto allettante e utile, in termini generali le azioni
che si realizzano per questo scopo sono le seguenti:

Promuovere trasmettendo un logo su Twitch

La semplice azione di esporre un logo nel mezzo della trasmissione, si traduce in una forma di promozione su Twtich,
poiché per le marche è un intervallo o un periodo di tempo in
cui gli utenti prestano attenzione e associano il logo, motivo
per cui le marche fanno questo tipo di contratto con l'influencer.

La creazione di loghi essendo in diretta, rappresenta una
fonte di reddito semplice ma efficace, è ciò di cui avete bisogno, è parte di un'idea che aiuta ogni marchio a crescere e
gli influencer sono molto più motivati, perché stanno generando reddito con l'uso della loro immagine.

Creare una sezione di informazioni sul marchio

Una volta che si restringe un'opportunità di sponsorizzazione, è necessario menzionarla o esporla in una sezione
tutta privilegiata, in questo modo gli spettatori saranno diretti

a quel sito web, oltre all'opportunità di inserire link a pagamento, in modo da poter mettere in atto questo grande vantaggio per entrambe le parti.

Implementare i chatbot

L'automazione diventa anche una realtà all'interno della tua
carriera come influencer, nel caso dei Chatbot compiono la
missione di regolare l'interazione degli utenti, in questo
mezzo puoi anche condividere link sponsorizzati in modo che
gli spettatori possano trasmettere quel tipo di messaggio
pubblicitario che ti fa generare reddito.

Il comando che viene attivato nella chat è responsabile della
trasmissione di un testo allo spettatore, ogni volta che digita,
facendo scattare la risposta che avete preimpostato sul bot.

Titolo dedicato alle promozioni su Twitch

L'oggetto dei video non funziona solo come descrizione, ma
è anche usato come informazione sulla sponsorizzazione, e
può anche essere usato per informare su nuovi comandi, per
cui un #ads o #sponsored può essere incluso dopo il contenuto che è sponsorizzato.

Problemi di post sui social media

Affinché i contenuti sponsorizzati godano di un alto livello di
traffico online, è necessario pensare e spingere le informazioni attraverso i social media, questo tipo di trasmissione è
essenziale per ottenere una grande portata, in modo che più

persone possano vedere la promozione in modo molto più diretto.

Questa opportunità digitale fa sì che la pubblicità sia più creativa, in modo che più utenti possano partecipare a promozioni su Twitch, è un modo eccezionale per raggiungere un alto livello di coinvolgimento, è interessante avventurarsi in questo mezzo in modo che giocando si possano anche creare collegamenti commerciali.

Le promozioni rappresentano una grande opportunità quando hai un grande pubblico di gioco, sono opzioni che diventano disponibili per te quando costruisci un account di alto calibro, diventi una figura interessante per i marchi, tutto perché ti vedono come una soluzione per raggiungere più persone.

L'opportunità di avere successo come Facebook gaming influencer

Pochi sono consapevoli delle funzioni e del potenziale che c'è dietro Facebook Gaming, quando in realtà è un'altra piattaforma dedicata agli amanti dei videogiochi, anche se è ancora una comunità in crescita, fornisce comunque un collegamento globale e il social networking è una grande spinta.

L'ascesa dei videogiochi ha generato che nessun social network può ignorare l'azione di condivisione di questo tipo di contenuti, poco a poco Facebook sta guadagnando un grande livello di popolarità nel mondo del gioco, ed è ancora uno spazio sociale e interattivo per presentarsi come un influencer e condividere i tuoi contenuti.

Le tattiche pubblicitarie che possono essere sviluppate in questo ambiente sono interessanti, motivo per cui il ruolo del marketing è fondamentale per queste missioni. Facebook Gaming in sé non supera nemmeno YouTube o Twitch, ma è possibile implementare queste azioni per aumentare la propria presenza su questo social network:

Costruisci la tua immagine al pubblico: non puoi perdere di vista la comunità, cioè il gioco è altrettanto cruciale, ma è un errore non usare ogni caratteristica di questo social network per posizionarti come un giocatore da seguire o considerare, specialmente con le ampie opportunità di crescita in questo settore. Il tuo profilo dovrebbe emettere uno stile distintivo fino a diventare un percorso di successo, ma devi essere chiaro su ciò che vuoi condividere di te stesso.

Pianifica in dettaglio: gli influencer hanno bisogno di un punto di partenza chiaro, perché gli utenti stanno cercando di essere distratti dal tipo di contenuto che trasmetti, quindi più idee nuove riesci a trovare, migliore guida puoi avere, ma hai anche bisogno di fare ricerche sul mercato. Per avere accesso a più opportunità è necessario sapere cosa c'è là fuori, così come le tendenze moderne, in modo da poter condividere le notizie sull'industria del gioco su Facebook.

Dai la priorità alle tue idee: Tutto ciò di cui ha bisogno un influencer è realizzare misure creative, dove è necessario raccogliere un numero di persone eccezionali, su Facebook dovresti occuparti di progettare logo, foto di copertina e pulsanti dei social media, poiché questi sono passi fondamentali per sviluppare una grande immagine fino a distinguerti come professionista.

Condividi contenuti in streaming: Il modo migliore per essere un giocatore con più presenza, è quello di trasmettere i contenuti che produci via streaming sulla pagina creata su Facebook, in questo modo quando un utente ti naviga può trovarti facilmente e godere di ciò che stai generando, ci sono molte idee per realizzare questo scopo.

Tutto quello che devi sapere sul marketing dei giochi

L'ambiente di gioco è ancora in una rivoluzione costante, è diventato un ecosistema che aumenta ampi livelli di impegno, come è una base di milioni di seguaci e soprattutto appassionati di videogiochi in tutto il mondo, quindi le relative strategie commerciali sono state fissate in questa attività.

Un videogioco è diventato un'intera attività di intrattenimento, al punto di essere un'azione interattiva, tra una marca e i fan dei giochi, passando da un grande divertimento, a un obiettivo, ecco perché la creazione di contenuti come nesso di connessione con terze parti acquisisce maggiore rilevanza.

È per questo che il gaming marketing ha più senso, si tratta precisamente di utilizzare contenuti su questo settore, in modo che i consumatori possano connettersi, rendendoli utenti potenziali e interattivi verso la marca, è un modello molto più naturale e bidirezionale.

In un momento storico come la disruption di tutti i mercati, il gioco è stato usato come risposta, questo è un altro esempio della rivoluzione industriale 4.0, dove il contatto con il consumatore è stato uno dei legami più latenti, questo provoca un grande cambiamento che permette a un giocatore di essere un influencer che favorisce la marca.

Tutto nasce dalla creazione di contenuti dal vivo, dove può fornire un alto valore, sia per una marca, come per le proprie capacità che un giocatore ha, per questo motivo sempre più modi di essere parte di piattaforme di streaming sono stati facilitati,

Quello che è davvero un fatto quotidiano è che vivere della semplice azione del gioco è vero, soprattutto quando si hanno milioni di seguaci, poiché molte marche continuano a investire in quella vicinanza con il pubblico, in questo senso il gioco provoca un alto livello di attenzione ed è diventato un fondo di investimento.

I modelli di business nel mondo del gioco sono legati alla sponsorizzazione, ai diritti sportivi e al merchandising, quindi si può pensare di iniziare un business in questo settore, anche da zero, basta includere il meglio del gioco con una strategia di marketing.

I miti che il mondo del gioco ha superato

In passato, qualsiasi tipo di attività di gioco veniva etichettata per vizi, era un'immagine di totale perdita di tempo, o anche imponendo quella restrizione di chi sosteneva che era un mondo di soli uomini, o che i videogiochi causavano danni allo stesso livello della droga.

Tuttavia, gli ultimi anni hanno parlato da soli, come risultato di grandi figure e del loro successo, questo mezzo ha guadagnato importanza e valore, sempre più persone si stanno unendo all'esperienza del giocatore, il prestigio che questo ecosistema ha guadagnato ha lasciato da parte qualsiasi tipo di mito che teneva la gente lontana dal godere di un grande videogioco.

Il gioco è ora parte di molte iniziative in tutto il mondo, tra cui la salute, l'istruzione, lo sviluppo dei bambini, la gamification, il lavoro di squadra e altri, quindi ci sono molti approcci che possono essere presi per essere un influencer, il che significa che i videogiochi stanno diventando una cultura globale.

Se hai questa passione per i giochi, il resto sarà molto facile per te, inizierai a goderti il processo, la prossima cosa su cui devi concentrarti è entrare in contatto con i follower, costruire un pubblico e convertirli in consumatori di un'offerta commerciale che hai.

Non c'è molto da pensare quando si tratta di approfittare di ogni singola opportunità che si presenta in questo campo, ed è per questo che è anche comune trovare corsi e formazione per salire rapidamente in questo ambiente, ma senza conoscenze preliminari ci vuole più tempo, ed è per questo che ogni chiarimento dovrebbe motivarvi.

Tutto sul marketing dei giochi sociali

Per crescere come gamer influencer devi sapere tutto sulle migliori strategie che puoi sviluppare, soprattutto con l'ampio potere generato dai social network, prima di questo importante sviluppo, devi solo conoscere forme di comunicazione più dirette in modo che il mondo dei videogiochi possa essere trasmesso in tutto il suo splendore.

Dato questo scenario, social gaming marketing rappresenta un'azione chiave per raggiungere questo compito, dove si copre e prendere in considerazione le abitudini dei consumatori, questi diventano una motivazione o il nord per seguire ogni progresso che è nato sull'industria dei videogiochi, che da più comunicati emessi, è autentico.

L'evoluzione è il fatto da seguire da vicino, soprattutto con il cloud, e chiunque può utilizzare questo tipo di funzioni, ed essere parte di questo promettente tema, una volta che si ha accesso a Internet, solo un semplice pulsante "play", ti separa da un grande livello di popolarità online.

L'interesse del marketing all'interno della scena dei giocatori è dovuto al potere che genera nel mondo, e il gioco in combinazione con i social media, emette una quantità enorme di informazioni, dai giocatori al modo in cui vogliono giocare, e quindi è inteso come un database molto ricco.

Il ruolo del marketing dei giochi sociali

Il marketing dei giochi sociali si basa su una modalità per applicare disegni e operazioni ai videogiochi tradizionali, dove diversi settori pagano per ottenere un accesso minimo a quel database, e quindi assumono influencer per portare avanti tutta una strategia commerciale, entrambe le parti ne beneficiano.

La comunicazione con i follower dovrebbe essere molto più dinamica, per trattenere più informazioni da loro, soprattutto quando si dispone di un grande pubblico, è possibile sviluppare questo tipo di misure, dove il marchio cerca di partecipare e conoscere tutto ciò che è pensato o detto sul mondo di gioco attraverso il vostro contenuto.

L'ingresso nel mondo dei consumatori è generato da tutti i tipi di gamer popolari, quindi è necessario fornire una performance esigente, ma soprattutto senza perdere il lato umano in modo che i marchi non siano così invadenti sui follower, questo è l'equilibrio che un influencer è responsabile per fare. La cura dei contenuti gioca un ruolo fondamentale, perché va bene monetizzare, ma non si può perdere la passione per ogni gioco, quindi man mano che si cresce, bisogna fare integrazioni efficaci, in modo che l'interazione con gli utenti non si perda, ma sia il punto focale della vostra dedizione di giocatori.

Sempre più aziende partecipano a questo investimento sugli influencer, questo è dovuto al fatto che c'è una maggiore occupazione su app e giochi, quindi l'interazione con gli utenti è rilevante per costruire una maggiore affidabilità quando si fa un lancio, e per l'influencer significa fare soldi.

Il potere dei videogiochi nel mezzo digitale

Nelle reti sociali, il valore del giocatore è diventato presente, il divertimento di questo tema è ora parte dei media digitali per raccogliere un grande scambio piacevole, ma oggi i videogiochi sono in grado di fornire molto di più, e che il progresso di un gioco eleva i sensi degli utenti a crescere in ogni piattaforma digitale.

Il requisito di avere un pubblico di giocatori è la chiave per essere un ambasciatore per molti marchi, e anche crearne uno proprio, è un percorso che ha avuto molto successo negli ultimi anni e non si può trascurare il cambiamento di vita che rappresenta per un giocatore, seguendo lo stesso modello di altri youtuber o star online.

Non importa che tipo di gioco tu faccia ogni giorno, è un ambiente ideale per implementare e sfruttare i banner pubblicitari come metodo di guadagno, quindi finché riesci a far appassionare il tuo pubblico ai tuoi contenuti, ti troverai in un ottimo posto per provare altri metodi di business come personaggio pubblico.

Nei social network la tua popolarità aumenta come la schiuma, quindi con un piccolo aiuto puoi salire in modo significativo, tutto grazie al fatto che si tratta di un media altamente sociale, perché internet occupa ogni angolo del mondo, quindi la domanda di nuovi contenuti nel mondo dei giocatori è molto chiara.

Non importa in quale parte del mondo ti trovi, puoi penetrare il pubblico e impartire un messaggio profondo su un gioco, la distribuzione dei videogiochi non misura i confini geografici e quindi apre molte più opportunità economiche.

Finché ci sono molti utenti online, è un'opportunità per te di esporre il tuo gameplay o una visione diversa, quando ti occupi della crescita personale del tuo gameplay per essere un influencer, ottieni i seguenti benefici:

Crescita

Il mercato globale che il mondo dei giocatori presenta è distinto, quindi quando trasmetti le tue abilità, hai nelle tue mani una grande calamita per crescere online, oltre alla dimostrazione della tua personalità, perché il carisma è ciò che aggancia davvero gli utenti.

Con così tanti utenti connessi, non c'è dubbio che trasmettere attività è un grande vantaggio, soprattutto quando si rivelano dati nascosti sui giochi preferiti, quel tipo di informazione è un'esca per un gran numero di utenti, questo è ciò che ti fa diventare un marchio con la tua presenza online, e i tuoi numeri sono il sostegno per questo.

Dopo la potenza delle reti sociali, questa è un'impresa che non diminuisce, finché si mantiene sotto un rinnovamento totale non si perde validità, ma si può crescere di seguace in seguace, in modo che si arriva ad avere un alto potere di audience su certi programmi televisivi, è un modo esclusivo.

Sei appassionato di impegno

In ogni social network il segreto di tutto è l'engagement, senza questo elemento nessuna piattaforma digitale ha senso, è per questo che molte marche emettono pagamenti e conducono sondaggi per raccogliere dati dai giocatori, ottenendo così più engagement, una vera relazione con ogni follower.

Man mano che si vince nel gioco si guadagna notorietà.

L'esperienza di gioco è un'importante introduzione all'essere un giocatore, diventa una risorsa sociale che si può usare come strategia di marketing, tutto ciò che fa parte del gioco, si fonde con la tua personalità per creare quel personaggio influencer, e come si raggiungono più livelli, più si prospera nei media.

È essenziale che continui a incorporare elementi o segni propri, in questo modo i giocatori ricevono più interesse dai tuoi seguaci, in questo modo diventa facile emettere promozioni o offerte per cambiare il corso all'interno del mondo virtuale che può essere una soluzione per gli utenti.

Puoi monetizzare

Una volta che sei in una posizione distinta, puoi eseguire diversi modi per monetizzare usando il potere del mondo del gioco, prima di tutto, puoi creare un sacco di impegni con marchi o aziende legate a questo campo, poiché diventi il collegamento tra il marchio e l'utente.

La miriade di modi per monetizzare, incoraggiare più persone a voler essere influencer, in modo da poter iniziare con il piede giusto prendendo in considerazione queste nozioni di base, dove si può salire a un livello redditizio in ogni modo, non c'è dubbio che il mondo virtuale apre opportunità per voi completamente.

Il contenuto che un gamer influencer dovrebbe creare

Allo stesso modo in cui un marchio cerca di avere un grande impatto online, anche un influencer vive della sua immagine, la dedizione non finisce solo perché smette di registrare i videogiochi, ma diventa un'abitudine personale, condividendo con il mondo molto più del tuo lato personale concentrato sul mondo del gioco.

Quando pubblichi dei contenuti devi impostare il tono del tuo stile su ogni social network, dove è vitale creare un inizio totalmente fresco e coerente per servire bene i tuoi follower, in modo da poter poi implementare i seguenti consigli e brillare in qualsiasi angolo online:

Aggiorna i tuoi status e trasmetti annunci: in ogni social network devi tenere informato il tuo pubblico, quindi attraverso uno status o un contenuto puoi comunicare al mondo la tua abilità con costanza, per un influencer è un must sfruttare al massimo la comunicazione con i follower. In anticipo si può creare la tensione della prossima trasmissione come un annuncio, in modo che la gente sia attenta a ciò che si trasmette.

Comunicare con i tuoi seguaci: Ogni gioco ha un'enorme comunità a cui attingere, specialmente quando si usa questo potere sui social media, dato che diventa un viale perfetto per ogni tipo di promozione, dove l'essenziale è che tu emetta likeability per distinguerti. L'attività sui social media non è assolutamente negoziabile per un influencer.

Dare opinioni di valore: Ogni giocatore ha informazioni e consigli preziosi da condividere con il mondo, oltre alla possibilità di dare opinioni sugli eventi più importanti che sorgono nell'ambiente dei giocatori, e l'uso dei social network è perfetto per formare questa identità. Ogni volta che potete, non esitate e date la vostra opinione, oltre ad esporre al mondo la vostra idea sui videogiochi o su questo settore, anche se non vi piacciono, è importante parlare per attirare un pubblico più vasto.

Mostrare il dietro le quinte: Tutti i tentativi di fare una registrazione di un giocatore possono trasformarsi in oro puro, quindi non si può ignorare il contenuto rimanente per usarlo come un dietro le quinte e mostrare il vostro lato umano, d'altra parte, è possibile integrare lati o situazioni dalla vostra vita personale, per creare una connessione diretta con il pubblico.

Ricevere supporto da illustrazioni come Memes: Condividere Memes è un grande vantaggio per gli utenti di sentirsi vicini, puoi crearlo tu stesso, o farlo per avere a che fare con il gioco che giochi, l'importante è che tutte le persone amino i Memes e l'umorismo. Per rendere un feed più umoristico, questa è un'alternativa efficace.

Considerare questo tipo di consigli è pura creatività in modo da avere molto da offrire sul tuo profilo di social media, dove non puoi perdere di vista proprio quell'intenzione sociale, come giocatore è una sorta di vicinanza che hai bisogno di crescere, quindi essere un influencer è un chiaro sinonimo di socievolezza per aprirsi al mondo.

Strategie di marketing per diventare un gamer influencer

I videogiochi si traducono in un canale di intrattenimento globale, questo è rivelato dalle immense cifre di 2,6 miliardi di giocatori in tutto il mondo, essendo la terza parte del pianeta che trascorre almeno 7 ore alla settimana a giocare, quindi il mondo del gioco virtuale sta diventando una vera e propria professione.

Se non sai da dove cominciare nel mezzo della tua presentazione di influencer, hai solo bisogno di eseguire 5 passi per produrre un grande livello di guadagno, in questo modo puoi costruire la tua popolarità progressivamente, questo diventa una realtà dopo le seguenti considerazioni:

Stabilire il tuo pubblico di riferimento

Dopo tutto il tempo che avete speso per il gioco, è necessario trovare un modo per ottenere risultati di interazione il più presto possibile, per questo motivo prima di iniziare è necessario mettere in atto una pianificazione circa il vostro pubblico target, per rispondere a questo, è necessario conoscere completamente il tipo di settore che il gioco comprende o è dedicato.

Prima di fare qualsiasi promozione, il punto di partenza è circa il tipo di seguaci che si desidera raggiungere, la cosa principale è che si può studiare ciascuna delle caratteristiche del videogioco, il genere sarà anche di grande aiuto, e gli argomenti correlati in modo da poter esporre i contenuti a quel mercato o pubblico.

Questo processo è noto come segmentazione, quindi creando questo inizio, è possibile concentrare la pubblicità in un modo migliore, ottenendo che il contenuto sia esposto nel modo ideale in cui piace ai seguaci, in termini di età, è meglio scegliere una misura generale.

Nel mezzo di questo studio puoi anche adottare una rappresentazione del tuo profilo di cliente ideale, in modo da poter strutturare dove puoi indirizzare i tuoi post sui social media, oppure puoi scegliere di pagare per questo tipo di analisi, che è preziosa per avere un senso di direzione.

All'inizio si possono avere dubbi su certi modelli di pubblico, se il vostro genere o gioco è più maschile o femminile, e così via, in modo da poter conoscere ciò che si sta affrontando a vostro vantaggio, lo stesso vale per il tipo di rete sociale che si stabilisce come più compatibile con le dinamiche del gioco. Padroneggiare il pubblico su cui costruirai il tuo pubblico è la chiave, quindi definire il tipo di persona che stai cercando di raggiungere è essenziale, in modo da poter progettare liberamente il tipo di proposta che trasmetterai ai fan, quindi devi sviluppare le tue idee verso questo obiettivo.

Trova la piattaforma giusta per presentarti come giocatore

Una volta che hai deciso il tipo di follower che stai cercando di coinvolgere, la prossima cosa da fare è iniziare a fare pubblicità sulla piattaforma migliore per lo scopo, la questione principale è scoprire dove il tuo contenuto avrà il maggior impatto sulle persone, questo non è un ostacolo data la diversità dei media là fuori.

Piuttosto che non avere modo di comunicare con i fan del tuo gioco, nel tempo sono stati utilizzati YouTube, Twtich, come detto sopra, ma come influencer puoi rafforzare la tua immagine personale in altri media comuni come Instagram e Facebook.

Queste piattaforme sono molto popolari per raccontare ogni storia nel mondo dei giocatori in modo economico e scalabile, per ognuno di questi social network è necessario implementare un diverso tipo di presenza, in modo da potersi adattare completamente a ciò che si cerca in queste funzioni dei social media.

Creare legami con gli influencer

Trovando un social network che fa per voi, sia per l'aspetto broadcast che per quello sociale, potete stabilire alleanze all'interno dell'ambiente più socievole, per cercare di offrire un gioco con più impatto, un buon modo è seguire da vicino l'influencer marketing, essendo un'opportunità per avvicinarsi a più persone.

Portare i tuoi contenuti a un gran numero di persone è l'obiettivo finale, e questo tipo di marketing è un compito da sviluppare su tutti i tipi di piattaforme, i risultati di questi tentativi sono provati, dove basta avere una persona per promuovere il tuo account sulle loro reti sociali.

La conoscenza che hai su un settore è vitale per condividere, cioè, tutto il tuo talento su un gioco diventa la risorsa principale da utilizzare per generare contenuti con altri influencer, soprattutto approfittando del fatto che hai il tipo di follower che si desidera molto chiaro, segmentando si acquisisce un grande vantaggio.

La qualità di queste alleanze ti assicura l'accesso all'85% delle persone che seguono quell'influencer, questa risorsa speciale è un canale pubblicitario di primo livello, anche se i fattori da prendere in considerazione, è se il loro pubblico è compatibile con il tuo progetto gamer, perché il loro pubblico sarà quello che potrai pescare con la loro unione efficace.

La migliore guida per prendere la decisione giusta è pensare al proprio pubblico in ogni momento, in questo modo si prendono le azioni che sono molto più predominanti all'interno del genere del gioco che si fa, il tutto grazie al fatto che si costruisce un tema come propria identità che sarà la definizione dell'influencer.

Cerca il supporto di youtuber e streamer per creare grandi contenuti.

Il live streaming è un ottimo modo per presentare le tue abilità al mondo, attraverso questa attività puoi proiettare un'immagine da giocatore audace, cioè collaborando con altre figure preparate come youtuber e streamer che giocano altri tipi di giochi compatibili con i tuoi.

Ogni fan dei videogiochi ama le reazioni che nascono dopo una collaborazione o un evento online, questa è un'opportunità per mostrare un lato di qualità superiore, e avere una via diretta ai potenziali seguaci, guadagnando più reputazione pubblicando su questi social network, non tutti sono giochi.

YouTube, come potente piattaforma video, è stato considerato per anni l'unico modo per mostrare come si gioca, ma ora affiancato da Twitch, dove i contenuti sui giochi possono essere digeriti in modo migliore, tutti i valori che si hanno su un gioco possono essere esposti in questo media.

Incontra le 6 sfide per gli influencer dei videogiochi

I seguaci del mondo dei giocatori meritano di godere di un altro tipo di contenuto, ma soprattutto invocare un altro tipo di dinamica per risvegliare l'interazione sui seguaci, essendo la chiave per raggiungere il più alto livello come influencer, questo stile di attività è eccitante e si può prendere in considerazione queste idee:

Cerca di non urlare

Questo tipo di sfida è un classico all'interno dei social media, questo è emerso come risposta agli youtuber che trasmettono la loro "Try not to Laugh Challenge", dove ognuno dei giocatori si concentra sulle proprie cuffie e a volte spegne le luci per perdersi nei giochi, in questo modo arrivano a subire grandi paure ed esperienze.

Uno stile burlone di questo tipo assume valore quando si esegue una sfida come questa, con questa misura è possibile far soffrire gli abbonati, questo diventa vero quando si fa un raid tipico di Outlast, Amnesia o altre consegne, ma se si raggiunge un livello più alto di popolarità, la gente sta per scoprire il vostro segreto, ma è una sensazione da scoprire che attira l'attenzione.

Progetta un concorso con il tuo partner

Non è lo stesso essere il migliore con il tuo solito contenuto, ma osare dimostrarlo attraverso una sfida, in modo da ottenere una persona per giocare insieme, e in modo da poter contare sulla creazione di un contenuto di tipo narrativo, come esempio è Life is Strange.

Oltre ad invitare un'altra persona, si può optare per un'altra forma di collaborazione, dove si può controllare la tastiera e il mouse a distanza, questo è uno scherzo e un legame da giocatore a giocatore che mette alla prova la pazienza, se siete interessati a questo tipo di alternativa, si può fare la "Not My Hands Challenge", dove una parte controlla e l'altra guida.

Giochi di ruolo

Affinché un influencer sia in grado di impegnarsi molto di più con i follower, è consigliabile implementare il gioco di ruolo, farsi coinvolgere completamente dal gioco, iniziare ad agire nella stessa linea del genere di gioco, rendere reale qualsiasi mondo virtuale in modo semplice, questo crea un grande legame di empatia con i follower.

Il potere aggiuntivo della sola performance può suscitare una vasta gamma di reazioni da parte degli spettatori, quindi più riesci a infondere emozioni nel tuo soggetto, più puoi mantenere i tuoi seguaci sintonizzati sul tuo soggetto come se fosse una serie o un cortometraggio di alto valore.

Tag

Per rompere lo stampo rigido dei soli giochi, si può avere un altro tipo di contenuto ricreativo, per questo si possono fare tag per stabilire un punto di interazione con i seguaci, dato che si sta andando a rispondere alle domande che possono sorgere dai seguaci.

In mezzo ai tag, puoi dedicarti a raccontare quello che è stato il tuo primo gioco, a portare alla luce tutta l'esperienza che ha significato questa strada, è come aprirsi con i tuoi follower per spiegare il modo preferito in cui vinci, e il tipo di personaggio che ammiri di più, questi dati sono curiosi e coinvolgono vari follower.

Multitasking

Con giochi complicati come Counter Strike, puoi renderlo molto più interessante, soprattutto prendendo dei rischi, puoi fare una penitenza per ogni volta che vieni ucciso, quel modo di giocare è molto più stimolante, e sugli utenti genera molta aspettativa, perché si sentono parte della sfida.

Questo tipo di versione è utile per i giochi che sono in gruppo, la cosa importante è che si possono creare regole che sfidano tutti, è una chiara opportunità per voi di decidere il modo migliore per svolgere questa attività, utilizzando metodi e sanzioni che sono una vera sfida per tutti, si può scegliere liberamente.

Sfide specifiche del gioco

Tra la varietà di videogiochi, c'è una selezione che non è utile da condividere con i follower, cioè diventa complessa e improduttiva, ma c'è sempre un modo per condividere quel gioco con il tuo pubblico, si tratta solo di trovare la migliore opportunità.

Un esempio di tale misura è League of Legends, come con gli ADC, è possibile sfidare un altro tipo di influencer che è coinvolto in un gioco di combattimento, progettare punti o una scommessa in generale per renderlo più attraente, e creare regole di interesse per tutti i giocatori.

Ognuna di queste sfide ti permette di creare una grande dinamica per attirare l'attenzione, questi esempi sono solo l'inizio di tutto, quindi puoi mettere una causa diversa sulla tua sfida, in questo modo diventa il centro dell'attenzione, seguire queste idee da vicino ti porterà a connetterti direttamente con il pubblico.

Il dominio degli influencer dei videogiochi

Il marketing digitale ha creato una finestra di grandi opportunità per i giocatori, poiché possono costruire la loro nicchia in ogni rete sociale per farsi conoscere, e più seguaci e interazioni si generano, più risorse si generano.

175 miliardi di euro sono stati generati in ogni media digitale dedicato ai giocatori, e si stima che queste cifre continueranno a salire in modo esorbitante, quindi come esperto di

videogiochi devi mettere in pratica le tue idee per catturare il pubblico.

Il modo migliore per operare nel mondo, usando le tue abilità di giocatore, è quello di sfruttare al massimo ogni rete sociale, e questo va di pari passo con il fare soldi che sta emergendo su questa attività, quindi come influencer puoi aspettarti un ampio margine di assunzioni, perché i marchi vogliono decollare usando questo potere.

Come videogiocatore, hai solo bisogno di esercitare alcune azioni pubblicitarie tradizionali per raggiungere il livello che hai sempre sognato, quindi punta sul potere della tua rete sociale, perché finché hai un grande pubblico, puoi costruire una nicchia che vale circa 35 milioni di euro.

Come giocatore devi essere più in sintonia con YouTube e Twitch di quanto tu abbia mai immaginato, poiché non c'è piattaforma migliore per presentare il tuo contenuto, che è semplice perché si tratta solo di rigiocare giochi, il che significa che non devi concentrarti solo sul montaggio video, al contrario in questo mezzo non è complesso.

Dopo ogni sessione di gioco è essenziale che tu possa crescere in termini di commenti, movimenti, e mantenere la simpatia con gli sponsor, questo è il mezzo con cui ti posizioni come un grande influencer, dando anche un'immagine professionale.

Il miglioramento è un must all'interno dei media digitali, perché i seguaci richiedono solo innovazione costante, questa è una grande differenza con altri settori moderni, in cui si vuole mantenere un'immagine tradizionale, ma in questo caso si può seguire il proprio stile da giocatore.

La facilità del mondo dei giocatori è che la produzione è semplice, non c'è tanto da investire, in quanto si tratta di un riassunto o di un conteggio delle vostre partite, quindi è un'industria su cui puntare, è molto semplice a condizione che siate appassionati di videogiochi, è stato classificato come contenuto facile e il mondo del profitto è in aumento.

Entrare a far parte della comunità degli influencer

Per cambiare la tua vita come influencer, non devi dimenticare ogni consiglio dato, prima di tutto ricorda che l'obiettivo che ti poni dall'inizio è quello che conta, perché non devi far parte di questo mondo solo postando in modo incontrollato, ma definendo una strategia chiara puoi arrivare dove sogni.

Scoprite il vostro stile, perché è la vostra bandiera principale per mostrare al mondo ciò che volete, dove potete esporre le vostre abilità di giocatore, padroneggiando i vostri punti di forza e le vostre debolezze vi costruite una solida immagine di influencer, dove dovete tenervi stretto tutto ciò che vi rende diversi.

Difendi il tema che hai scelto dal primo momento, e su ogni piattaforma, non smettere di praticare e imparare più dettagli del gioco, questo è il tuo vero potere, soprattutto per essere autentico su qualsiasi palco, questo è essenziale per te per essere un influencer come è stato collegato in ogni idea, la cosa essenziale è avere motivazione per osare.

Lasciando da parte le limitazioni, al giorno d'oggi con il fenomeno digitale si possono sfondare un sacco di barriere, il massimo che hai è il supporto per trasmettere contenuti che ti fanno presentare un'immagine credibile, non puoi smettere di essere te stesso, il resto è sfruttare il potenziale che sta dietro ogni piattaforma digitale e avere successo come giocatore.

Altri titoli di Red Influencer

Segreti per gli influencer: Hack di crescita per Instagram e Youtube

Segreti pratici per guadagnare iscritti su Youtube e Instagram, costruire l'impegno e moltiplicare la portata

Stai iniziando a monetizzare su Instagram o Youtube?

In questo libro troverete Hacks per aumentare la vostra portata. Segreti per Influencer diretti e chiari come:

Automatizzare i post di Instagram

Come generare traffico su Instagram, trucchi.

Algoritmo di Instagram, impara tutto quello che devi sapere

Suggerimenti su Instagram per migliorare l'interazione con i nostri follower

18 modi per guadagnare follower su Instagram gratis

Impara con noi come monetizzare il tuo profilo Instagram

Siti web chiave per ottenere rapidamente follower su Instagram

Tendenze di Instagram

Guida: Come diventare uno youtuber

Come diventare uno Youtuber Gamer

Trucchi per ottenere più abbonati su YouTube

Hack per classificare i tuoi video su YouTube nel 2020

Hack per Youtube, cambia il pulsante Pausa con il pulsante Abbonamento

Un libro che vi mostrerà sia gli aspetti generali che ciò che serve per guadagnarsi da vivere come influencer.

Affrontiamo apertamente argomenti come l'acquisto di follower e gli hack per migliorare l'interazione. Strategie BlackHat a portata di mano, che la maggior parte delle agenzie e degli influencer non osano riconoscere.

In Red Influencer consigliamo da più di 5 anni i MicroInfluencer come te per creare la loro strategia di contenuti, per migliorare la loro portata e l'impatto sulle reti.

Se vuoi essere un influencer, questo libro è un must. Dovrai sviluppare la conoscenza delle piattaforme, delle strategie, del pubblico e di come raggiungere la massima visibilità e monetizzare la tua attività.

Abbiamo esperienza con Influencer di tutte le età e soggetti, e anche tu puoi esserlo.

Prendi questo libro e inizia ad applicare i segreti professionali per guadagnare seguaci e diventare un influencer.

Questa è una guida pratica per gli Influencer di livello intermedio e avanzato, che non stanno vedendo i risultati attesi o che sono stagnanti.

La strategia e l'engagment sono importanti quanto il volume di abbonati, ma ci sono degli Hack per aumentarli, in questa guida ne troverete molti.

Che tu voglia essere uno Youtuber, un Instagrammer o un Tweeter, con queste strategie e consigli puoi applicarle ai tuoi social network.

Sappiamo che essere un Influencer non è facile e non vendiamo fumo come altri, tutto quello che troverete in questo libro è la sintesi di molte storie di successo che sono passate attraverso la nostra agenzia.

L'Influencer Marketing è qui per rimanere, non importa quello che dici. E ci sono sempre più ambasciatori del marchio. Persone che, come te, hanno iniziato a lavorare sul loro marchio personale e a puntare su una nicchia specifica.

Sveliamo in dettaglio tutti i segreti del settore che muove milioni di persone!

Sarai in grado di applicare i nostri consigli e suggerimenti alle tue strategie di Social Media per aumentare il CTR, migliorare la fedeltà e avere una solida strategia di contenuti a medio e lungo termine.

Se altri sono riusciti a monetizzare con perseveranza, dedizione e originalità, puoi farlo anche tu!

Nella nostra piattaforma redinfluencer.com abbiamo migliaia di utenti registrati. Un canale di contatto attraverso il quale puoi offrire i tuoi servizi in un markeplace di recensioni per le marche, e che riceverà offerte alla tua email periodicamente.